CHARLES M. SCHULZ

Lieb Brieffre

Deutsch von Ellen Jacobsen

CARLSEN VERLAG

2. Auflage 1971
© Carlsen Verlag GmbH Reinbek 1969
Aus dem Amerikanischen
Copyright ©1969 by United Feature Syndicate, Inc.
Alle deutschen Rechte vorbehalten
10571
ISBN 3 551 40004 0
Bestellnummer 40004

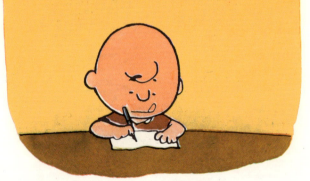